REVUE TRIMESTRIELLE DE DROIT CIVIL

COMITÉ DE DIRECTION :

A. ESMEIN
Membre de l'Institut,
Professeur à la Faculté de droit de l'Université de Paris;

Ch. MASSIGLI
Professeur à la Faculté de droit de l'Université de Paris;

R. SALEILLES
Professeur à la Faculté de droit de l'Université de Paris;

Albert WAHL
Professeur agrégé à la Faculté de droit de l'Université de Paris,
Doyen honoraire de la Faculté de droit de l'Université de Lille.

EXTRAIT

ÉTUDE
sur
LA RÉTROACTIVITÉ DE LA CONDITION

Par M. Amédée LELOUTRE
Chargé de Conférences à la Faculté de droit de Caen.

ABONNEMENT ANNUEL :
France, **20** francs; Étranger, **22** francs

LIBRAIRIE
DE LA SOCIÉTÉ DU RECUEIL **J.-B. SIREY** & DU JOURNAL DU PALAIS
Ancienne Maison L. LAROSE & FORCEL
L. LAROSE & L. TENIN, Directeurs
22, rue Soufflot, PARIS, 5e Arrd.

ÉTUDE

SUR

LA RÉTROACTIVITÉ DE LA CONDITION

Par M. Amédée Leloutre,

Chargé de conférences à la Faculté de droit de Caen.

Toutes les questions qui touchent de près ou de loin à l'acte juridique conditionnel, ont pris de nos jours une importance plus grande à raison de l'emploi de plus en plus fréquent de la condition dans les relations juridiques de toute nature, civiles, industrielles ou commerciales. Le temps n'est plus où, pour donner des exemples à l'appui de leurs démonstrations, les juristes étaient contraints de se répéter et de revenir au « *si navis ex Asia venerit* » des anciens Romains. Tout contrat synallagmatique renferme aujourd'hui une condition résolutoire sous-entendue, et il n'est guère de commerçant ou d'industriel, voire même de simple particulier, qui dans ses contrats ne tienne à insérer quelque clause visant certaines éventualités de nature à modifier, le cas échéant, ses propres engagements. Cela rentre dans les habitudes modernes de prévoyance et dans le besoin de plus en plus pressant de sécurité que paraissent éprouver ceux qui ont des affaires à traiter. Pour se mettre à couvert contre certains risques, on ne s'engage que sous condition. De là un usage plus répandu de l'acte juridique conditionnel, et de là aussi la nécessité d'étudier avec soin les règles auxquelles il est soumis.

Or parmi les difficultés qu'un pareil acte peut soulever, l'une des plus connues est relative à l'effet qu'il convient d'attacher à la condition, une fois qu'elle est accomplie. Ne faut-il pas en effet, lorsque la condition était suspensive, considérer que l'acte conditionnel était déjà presque formé avant même que la condition ne se réalisât, et que par suite cet acte doit être réputé avoir toujours existé ? A l'inverse, quand il s'agit d'une condition résolutoire, ne faut-il pas dire que la résolution remontera dans le passé, de telle sorte que l'acte sera considéré comme anéanti même pour le temps qui a précédé l'arrivée de la condition? L'intérêt que soulèvent ces diverses questions dites de la rétroactivité de la condition est assez souvent présenté comme considérable. C'est qu'en effet si la condition rétroagit, le propriétaire qui ne détenait la chose que conditionnellement sera réputé n'avoir jamais été propriétaire. Et à supposer même que l'on admette qu'il pourra conserver les fruits perçus *pendente conditione,* ou que les actes d'administration qu'il a pu accomplir seront valables, il faut en revanche nécessairement décider que toutes les aliénations ou constitutions de droits réels par lui consenties s'évanouiront comme étant émanées d'une personne qui, n'étant pas propriétaire, n'avait pas qualité pour disposer de la chose. Il y aurait donc en définitive un gros intérêt pratique à résoudre la question de la rétroactivité.

Le domaine de cette question paraît à première vue très facile à délimiter, et pourtant il est un certain nombre d'actes à propos desquels on pourrait croire qu'elle se pose parce qu'ils sont tout au moins en apparence conditionnels, et pour lesquels cependant l'opinion à peu près générale est qu'il n'y a point lieu de s'en préoccuper. Il arrive parfois que deux personnes se rencontrent qui voudraient faire un contrat pur et simple mais ne le peuvent pas parce qu'un élément essentiel ferait nécessairement défaut. Par exemple un actionnaire voudrait vendre des actions à émettre par la société. Il ne peut faire une vente pure et simple, qui serait nulle faute d'objet, puisque les actions ne sont pas encore émises. Or dans ces circonstances les parties se contentent de faire un acte subordonné à l'existence future et incertaine de l'élément absent. Ainsi l'actionnaire fait la vente sous la condition que la société fasse l'émission. De même aussi c'est un acquéreur qui n'a pas encore pris son parti sur l'achat d'un immeuble. Il voudrait bien que le vendeur fût tenu, mais que lui-même demeurât libre pendant un certain temps de faire ou de ne pas faire l'achat. Il pourra recourir à la forme de la promesse de vente, et traiter sous cette condition que la vente n'ait lieu que s'il la ratifie dans un certain délai. Ici c'est l'adhésion de l'acheteur qui est en quelque sorte mise en condition. Dans toutes ces hypothèses où l'éventualité porte sur un élément essentiel, beaucoup d'auteurs refusent d'admettre que l'on soit en présence d'un acte conditionnel, et, sans du reste contester la validité de l'opération, soutiennent qu'il n'y a là qu'un acte *sui generis*. Mais à supposer qu'un pareil acte puisse néanmoins être considéré comme affecté d'une condition, il faut nécessairement admettre que la condition ne rétroagit pas, car un acte n'a jamais pu produire effet avant l'époque où il a réuni ses éléments essentiels. Si donc la question de la rétroactivité se pose en ces divers contrats, sa solution ne paraît offrir aucune difficulté.

Quelques auteurs ont cru encore que cette question pouvait se présenter même en l'absence de tout acte juridique. Par exemple le bénéficiaire actuel d'une pension alimentaire aurait été une sorte de créancier conditionnel jusqu'au jour de l'ouverture définitive de son droit. Et si la condition rétroagit, il pourrait faire valoir son titre légal même contre les héritiers de parents ou alliés prédécédés, car en vertu de la fiction de rétroactivité la créance aurait pu être transmise au point de vue passif. De même encore, à propos de nationalité, il est courant de dire que l'individu né en France de parents étrangers est Français sous la condition suspensive qu'à l'âge de vingt et un ans il soit encore domicilié en France, et l'on part de cette affirmation pour soutenir que, la condition accomplie, il sera réputé avoir toujours bénéficié de la qualité de Français. Que la condition, dont l'existence ne paraît guère se concevoir en dehors de l'acte juridique où elle a été insérée par la volonté des parties, ait pu s'étendre et rayonner de la sorte, c'est là un fait qui s'explique assez facilement. Il est des droits qui naissent de la loi à raison de certaines circonstances particulières. Comme ces circonstances ne se produisent que successivement, on a été naturellement porté à considérer le droit comme tenu en suspens, et par suite comme conditionnel jusqu'à ce que la situation prévue par le législateur soit entièrement réalisée. A supposer qu'un pareil langage n'ait rien d'exagéré, il y aurait lieu de se demander si la condition ainsi entendue peut produire un effet rétroactif. Mais la réponse est simple. Un droit ne peut jamais remonter à une époque antérieure à celle que la loi elle-même a fixée pour sa naissance. Si donc l'on soulève la question de la rétroactivité en ce qui concerne tous ces droits nés *lege*, il ne peut y avoir de doute sur sa solution.

Il ne paraît pas que les jurisconsultes romains se soient jamais demandés si cette question comportait la double extension que l'on a tenté de lui donner de nos jours. Même relativement à l'acte où une condition quelconque a été insérée par des parties, on peut douter qu'ils se la soient jamais posée en termes précis. Mais des décisions éparses où repose en général leur pensée, se dégage pour l'époque classique la solution très nette qu'ils avaient coutume de lui donner. Ils considéraient alors, dans l'hypothèse d'une vente sous condition résolutoire, sur laquelle ils raisonnent toujours de préférence, que la propriété transmise à l'acquéreur ne s'évanouit pas entre ses mains par l'effet de la résolution. Pour eux en effet le transfert de propriété est nettement distinct du contrat qui a pu lui servir de cause. Celui-ci peut être résolu. Peu importe. La propriété transmise par mancipation, *in jure cessio*, tradition n'en demeure pas moins à l'acheteur ou aux tiers qui ont pu l'acquérir par la suite. Il ne reste au vendeur que l'action personnelle née du contrat, qu'il ne pourra intenter que contre l'acheteur son ayant cause. Le droit romain classique n'admet donc pas la rétroactivité de la condition.

Cette règle apparaît au contraire dans l'ancien droit

français et chose singulière, si l'on cherche à se rendre compte des motifs qui ont porté les auteurs à l'adopter, il paraît qu'ils y ont été décidés par une pure interprétation de textes romains de l'époque classique. On trouve en effet un texte où le jurisconsulte Paul déclare à propos d'une obligation conditionnelle dont la condition s'est accomplie après le décès du débiteur : « *Heredes obligatos esse quasi jam contracta emptione in præteritum* » (1). Rien de plus facile à expliquer que ce texte. Le droit conditionnel, même avant l'arrivée de la condition, a déjà une certaine existence. Il est donc transmissible tant au point de vue passif qu'au point de vue actif. La solution indiquée au texte s'explique donc sans qu'il soit aucunement besoin de faire appel à cette idée que la condition aurait un effet rétroactif, et si le jurisconsulte romain paraît faire remonter le contrat dans le passé, ce n'est là qu'une image dont il se sert pour mieux exprimer sa pensée. Mais dans l'ancien droit le texte a été pris à la lettre. Ce qui n'était que métaphore a été interprété comme la formule claire d'un principe juridique certain, et la plupart des auteurs ont décidé que si le droit du créancier était transmissible tant au point de vue passif qu'au point de vue actif, ce n'était que par application d'une règle plus générale aux termes de laquelle, une fois la condition accomplie, ce droit est réputé avoir toujours été pur et simple. C'est ainsi que Pothier, après avoir posé la règle de la rétroactivité, en tire aussitôt qu'on peut succéder à un droit conditionnel (2). Et par un phénomène de survivance, du reste très fréquent en droit, le Code civil, dans l'article 1179, s'exprime dans des termes à peu près identiques. Après avoir formulé le principe de l'effet rétroactif, il ajoute aussitôt : « Si le créancier est mort avant l'accomplissement de la condition ses droits passent à son héritier ». On suit nettement de la sorte l'influence du texte de Paul. Il n'en est pas moins vrai que ce qui n'était dans l'esprit du jurisconsulte qu'une manière de parler est devenu, par suite d'une

(1) V. D. Livre, 18, t. VI, Loi 8, pr.

(2) V. Pothier, *Traité des obligations*, t. I, n° 220.

fausse interprétation, une règle importante de l'ancien droit et plus tard du Code civil.

On comprend aisément qu'un principe de droit qui est ainsi apparu au cours du siècle dernier comme né d'une erreur historique ait été soumis aussitôt à une critique sévère. De cet examen est sortie une théorie qui repousse très nettement la rétroactivité de la condition. Sans méconnaître que *pendente conditione* le créancier possède déjà un certain droit dont il peut du reste disposer et auquel ses héritiers succèdent, on affirme que le contrat ne prend jamais naissance qu'au jour de l'arrivée de la condition. Ainsi donc, tout au moins entre les parties contractantes, la situation doit se régler sans qu'il soit possible de remettre en question les faits qui ont pu se produire *pendente conditione*. Les fruits perçus par le vendeur lui sont, par exemple, définitivement acquis. Toutefois, en ce qui concerne les tiers qui ont traité *pendente conditione*, s'il paraît bien que leurs droits doivent être maintenus, puisque ce qui s'est passé pendant cette période semble devoir être définitif, on rencontre cependant un parti dissident, formé d'auteurs considérables, qui soutient que le propriétaire dont le droit devait s'évanouir par l'arrivée de la condition n'a pu lui-même concéder aux tiers que des droits résolubles, et que par suite ces tiers sont atteints par l'effet de la condition en même temps que leur auteur. Ainsi se présente dans ses grandes lignes la théorie qui écarte la rétroactivité de la condition, et que le Code civil allemand paraît avoir consacrée.

En présence de cette doctrine qui, de jour en jour, recueille de nouvelles adhésions, il est un problème qui se pose et à propos duquel la Commission de revision du Code civil aura nécessairement à prendre parti. Convient-il de conserver la règle qui attribue à la condition un effet rétroactif, ou bien, au contraire, ne faut-il pas profiter de l'occasion pour l'écarter d'une manière définitive? Tel est le problème que nous nous proposons d'aborder dans cette étude, en recherchant les raisons qui peuvent militer en faveur de l'une ou l'autre solution. Mais avant de procéder à cet examen, il est une recherche préalable qu'il nous faut faire et sans laquelle toute discussion pourrait paraître oiseuse. Cette recherche aura pour but de déterminer quel est au juste l'intérêt pratique qu'il peut y avoir à opter pour l'une ou l'autre des deux théories.

I

Selon quelques auteurs, cet intérêt pratique se présenterait tout d'abord en ce qui concerne les mesures conservatoires. Dans l'opinion qui attribue à la condition un effet rétroactif, le créancier conditionnel a le pouvoir de prendre, *pendente conditione*, toutes les mesures nécessaires à la sauvegarde de son droit. Il peut faire inscrire son hypothèque, requérir la transcription du contrat, poursuivre en référé la nomination d'un séquestre, obtenir une collocation éventuelle au cours d'une procédure d'ordre ou de contribution. Toutes ces précautions sont quelquefois d'une grande importance, et il n'y aurait pour ainsi dire plus de contrat conditionnel possible si le créancier n'était assuré de pouvoir, en les prenant, garantir l'exécution du contrat. Or, on fait observer qu'il ne paraîtrait pas admissible de reconnaître au créancier un pouvoir analogue dans l'hypothèse où la condition ne produirait point d'effet rétroactif. *Pendente conditione* il n'y aurait point de créancier, mais seulement un tiers qui ne posséderait encore aucune espèce de droit. Aucune fiction ne viendra jamais modifier ce fait brutal. A quel titre des mesures conservatoires pourraient-elles donc être prises? Il y aurait ainsi sur ce point une différence importante entre les deux théories en présence, tout en faveur, du reste, de la théorie de la rétroactivité.

A ce raisonnement l'on répond de nos jours qu'il n'y a là qu'une prétendue différence, parce que, même dans la théorie nouvelle, le créancier pourrait prendre *pendente conditione* des mesures conservatoires. Il conviendrait, en effet, désormais de ne plus s'attacher trop étroitement à cette idée ancienne selon laquelle les mesures conservatoires ne sont possibles qu'autant que le créancier justifie d'un droit déjà né et actuel dont l'exécution seule serait temporairement suspendue. C'est là une conception surannée, qui porte encore la marque d'un formalisme qui a fait son temps. Aujourd'hui, l'on est à peu près d'accord pour reconnaître que le seul espoir d'un droit à acquérir suffit pour autoriser le créancier à prendre des mesures conservatoires. C'est ainsi que dans beaucoup de tribunaux on peut voir le juge des référés ordonner une expertise en vue de la constatation d'un dommage qui n'est encore qu'éventuel. Peut-être même reviendra-t-on bientôt aux enquêtes à futur. Une action plus ou moins probable justifie ainsi certaines mesures d'instruction. L'ayant droit peut la réclamer en vue d'événements qui n'auront peut-être jamais lieu. En vertu d'une idée analogue, il faudrait admettre que le créancier conditionnel, même si la condition ne doit pas rétroagir, pourra *pendente conditione* user de toutes mesures nécessaires pour la protection de son droit. Et ceci serait vrai, car il n'y a pas de raison de distinguer, de toute espèce de créancier qui peut espérer un droit quelconque, même de ce créancier éventuel qui n'a figuré à aucun acte juridique et ne tiendra son droit que de la loi.

Quoiqu'exacte, en principe, une règle posée en termes aussi absolus n'appelle-t-elle pas certaines restrictions, au moins en ce qui concerne le créancier éventuel? Sans doute il ne paraît pas faire difficulté qu'un tel créancier soit admis à se ménager à l'avance la preuve de son droit. Qu'il réclame une enquête ou une expertise, il n'y a rien là qui soit de nature à nuire à son débiteur. Et encore serait-il juste de décider qu'à moins le cas de résistance et de mauvais vouloir de ce dernier à reconnaître le droit du créancier, les frais nécessités par ces diverses instructions devront rester à la charge de ce créancier. Mais l'expression « mesures conservatoires » est large. Elle comprend autre chose que l'enquête, l'expertise ou autre mode de preuve en vue d'empêcher pour l'avenir des contestations possibles. La collocation éventuelle dans une procédure d'ordre ou de contribution, la nomination d'un séquestre sont aussi des mesures conservatoires. Mais ces dernières mesures, tout en réservant le droit du débiteur, peuvent lui causer un grave préjudice. Elles lui enlèvent pour une période indéterminée la jouissance de certains biens et rendent pour ainsi dire indisponible une partie de son patrimoine. Et il en est de même de toutes les mesures conservatoires qui tendent non plus à permettre au créancier de s'assurer la preuve de son droit, mais à placer le gage sous la main de justice en vue de l'exécution forcée, et à dessaisir en quelque sorte le débiteur. Et alors à la nécessité de la protection des droits en formation, il est permis d'opposer avec une certaine force le désir légitime du débiteur de n'être pas troublé tant que sa dette n'est pas encore née. Reconnaître tout pouvoir au créancier quant à la seconde catégorie de mesures conservatoires serait autoriser le débiteur à se plaindre que l'on porte atteinte à sa liberté. Le droit éventuel n'est pas assez fort pour justifier des mesures de ce genre. Aussi, tout en admettant avec la doctrine nouvelle que le créancier éventuel peut prendre les mesures qui tendent à lui ménager une preuve de son droit, lui refuserions-nous la faculté de recourir à toutes celles qui auraient pour but d'en préparer la mise à exécution(1).

En revanche cette même doctrine paraît satisfaisante, quand il s'agit de protéger *pendente conditione* le créancier conditionnel dont le droit est né d'un acte juridique. Sans doute si ce créancier ne pouvait invoquer que la *spes debitum iri*, il n'y aurait pas lieu de lui réserver un traitement plus favorable qu'au créancier éventuel. Mais la situation n'est plus du tout la même. Le droit du créancier a sa source dans la volonté du débiteur, et il est à croire que le débiteur a voulu faire un acte sérieux. En faisant une promesse pour un cas déterminé, ce débiteur a tacitement reconnu au créancier le pouvoir d'user de toutes voies de droit pour empêcher qu'une cause quelconque ne rende la créance vaine avant même l'arrivée de la condition. En

(1) V. Demogue, *De la nature et des effets du droit éventuel*, Revue, 1906, p. 231.

vertu d'un pareil accord tacite, il y aura lieu d'admettre le créancier à prendre toute espèce de mesures conservatoires, et même, étant donné que telle paraît avoir été la volonté des parties, il faudra aller plus loin et dire qu'en cas de doute sur le caractère conservatoire de telle ou telle mesure, c'est en faveur du créancier qu'il convient de résoudre la difficulté.

Ainsi donc non seulement la théorie qui écarte la rétroactivité doit être soustraite au reproche de dépouiller le créancier du pouvoir de prendre des mesures conservatoires, mais encore on peut dire qu'à ce même point de vue elle est plus favorable au créancier que l'ancienne théorie.

Poursuivons maintenant notre recherche en abordant un autre domaine : celui du sort réservé aux actes de toute nature que le propriétaire sous condition résolutoire a pu accomplir sur la chose *pendente conditione*.

Si l'on appliquait rigoureusement la théorie de la rétroactivité, il faudrait décider que le propriétaire sous condition résolutoire sera tenu de restituer les fruits perçus *pendente conditione*, si la résolution se produit. Par l'effet de la rétroactivité il est réputé n'avoir jamais été propriétaire. Il n'a donc pas plus de droit aux fruits qu'un tiers quelconque qui les aurait indûment perçus. Donc, en bonne logique, il devrait être astreint à les rendre au propriétaire sous condition suspensive.

Sans doute on objecte parfois que le propriétaire sous condition résolutoire pourra conserver les fruits comme possesseur de bonne foi (1).

Mais la situation n'est-elle pas tout différente de celle prévue par l'article 549 du Code civil? Le possesseur de bonne foi fait les fruits siens parce qu'il peut toujours dire qu'il a compté sur eux, a vécu plus largement, et qu'une restitution l'appauvrirait. Le propriétaire sous condition résolutoire a su qu'il pouvait être obligé de restituer, il a dû mettre les fruits de côté, une restitution ne l'appauvrira pas.

(1) V. Toullier, *Droit civil français*, t. III, nos 541 et 545, et Troplong. *De la vente*, t. I, no 60.

Il ne peut donc invoquer le même motif, et, par suite, on ne saurait, pour l'autoriser à conserver les fruits, l'assimiler au possesseur de bonne foi.

On a dit encore qu'il devait les conserver parce que dans certaines hypothèses, quand il s'agit d'une chose non frugifère, il ne peut être question de restituer les avantages qu'elle a procurés à son possesseur, et que cependant, si l'obligation de restituer existe, elle doit être générale. Un exemple est classique. Une personne a eu en sa possession un tableau. Comment pourrait-elle restituer le charme qu'elle a retiré de cette possession (1) ?

La réponse est simple. Quand il ne pourra y avoir restitution en nature, il y aura restitution par équivalent, c'est-à-dire paiement d'une indemnité. Sans doute il serait difficile de soutenir que le détenteur du tableau soit tenu de payer, mais c'est que la jouissance d'un tableau ne procure aucun avantage pécuniaire, et n'est guère appréciable en argent parce qu'en général un tableau ne se loue pas. Mais s'il s'agit d'une chose dont le détenteur a pu retirer un bénéfice, telle que par exemple un cheval, une voiture, il serait tenu en bonne théorie de désintéresser le créancier. La règle a donc bien une portée générale.

On a dit enfin que le propriétaire sous condition résolutoire devait garder les fruits, parce que la rétroactivité opère *in jure* et non pas *in facto*. Elle peut faire sans doute que ce propriétaire soit considéré un jour comme n'ayant jamais été propriétaire. Elle ne peut faire qu'il n'ait perçu les fruits de la chose ou qu'il n'en ait joui. Il y a là un fait qu'elle ne peut effacer. Dès lors, elle ne pourra point empêcher que l'acquisition des fruits ne soit définitive (2).

Qu'un tel raisonnement ait eu crédit, c'est chose de nature à surprendre. Sans doute la rétroactivité de la condition n'empêche point que le propriétaire sous condition résolutoire ait joui de la chose, mais elle ne peut faire qu'il n'en

(1) V. Demante et Colmet de Santerre, *Cours analytique de Code civil* (2e édition), t. V, n° 98 *bis*, II.

(2) V. Demolombe, t. XXV, n° 401-2°.

ait joui sans cause parce qu'il n'était pas propriétaire. Elle n'empêche donc point qu'il soit tenu de restituer.

Malgré toutes ces raisons, la jurisprudence a toujours admis que le propriétaire sous condition résolutoire pourra conserver les fruits et ne sera tenu en cas d'achat que de payer les intérêts du prix. Il y a là une solution qu'il est impossible de justifier théoriquement, mais qui s'explique pratiquement. Si le propriétaire n'était pas assuré de garder les bénéfices qu'il a pu réaliser, on pourrait craindre qu'il ne se désintéressât de l'administration de la chose. Il importait aussi de couper court aux difficultés qu'eût presque toujours entraînées une reddition de comptes. Ces diverses considérations ont, à juste titre, paru décisives à la jurisprudence (1).

Mais si la jurisprudence s'est ainsi fixée, il en résulte que, sur ce point, la théorie nouvelle qui écarte la rétroactivité n'offre plus aucun intérêt pratique. Sans doute, dans cette théorie, le propriétaire garde les fruits perçus, puisque la résolution n'a d'effet que pour l'avenir. Mais puisque la jurisprudence s'est depuis longtemps formée en ce sens, la théorie nouvelle n'apporte en fait aucun changement.

A un autre point de vue, la jurisprudence admet depuis longtemps que malgré la rétroactivité les actes d'administration accomplis par le propriétaire sous condition résolutoire, tels que les baux, conserveront leur effet. Sans doute, on ne nie pas qu'après la résolution, ce propriétaire est réputé n'avoir jamais eu aucun droit sur la chose. Mais il aurait agi en quelque sorte en qualité de mandataire du propriétaire sous condition suspensive aux fins d'administrer cette chose jusqu'à l'arrivée de la condition.

Que cette manière de voir soit utile au point de vue pratique, nul ne songera à le contester; mais au point de vue juridique un pareil raisonnement est-il admissible? En principe, le mandat ne se présume pas. Ou bien il est contenu dans la loi ou la convention des parties, ou bien il n'existe pas. Or la loi n'a jamais reconnu au propriétaire sous con-

(1) V. S. 65. 1. 280, D. 73. 1. 417.

dition résolutoire un mandat quelconque du propriétaire sous condition suspensive. Et tout acte conditionnel ne contient pas nécessairement une clause qui confère un pareil mandat. Il faudrait donc décider que le propriétaire sous condition résolutoire ne peut accomplir d'actes d'administration que sous réserve d'une résolution toujours possible.

Quoi qu'il en soit, étant donné que la jurisprudence valide à tout événement cette sorte d'actes, la théorie nouvelle sera, sur ce point encore, dépourvue en fait de tout intérêt pratique. En décidant que les actes d'administration ne sont pas sujets à résolution, elle ne fait que consacrer le droit déjà admis par la jurisprudence.

En réalité la différence pratique la plus saillante qui paraît se présenter quand on examine les deux théories en présence, est surtout relative à l'effet de la rétroactivité sur les actes par lesquels le propriétaire sous condition résolutoir peut avoir disposé de la chose ou l'avoir grevée de droits réels. Il est en effet admis, cette fois sans conteste, dans la théorie de la rétroactivité, que la résolution anéantit d'une manière absolue tous ces actes. Au contraire si l'effet de la condition ne se produit que dans l'avenir, il ne saurait atteindre les aliénations ou constitutions de droits réels antérieurement consenties, et tout ce qui a eu lieu dans le passé aurait un caractère définitif. Il y aurait de la sorte un intérêt pratique considérable à choisir entre les deux théories.

Mais est-il sûr que sur ce point encore la théorie nouvelle soit appelée à changer les solutions traditionnelles françaises? On dit souvent qu'elle n'apportera aucun changement parce que le propriétaire sous condition résolutoire qui peut être astreint à restituer par l'arrivée de la condition n'a pu consentir sur la chose *pendente conditione* plus de droits qu'il n'en a lui-même, et que cela est vrai sans qu'il y ait lieu de rechercher si la condition a ou n'a pas d'effet rétroactif. Cette affirmation, qui est exacte dans une certaine mesure, ne nous paraît pas cependant donner une formule tout à fait adéquate à la réalité des faits. Quelle est au juste la situation respective des deux parties qui ont traité sous condition? Celle qui s'est engagée à fournir ou à restituer la chose à son cocontractant pour le cas où la condition se réaliserait, a implicitement assumé l'obligation de ne rien faire personnellement, en dehors tout au moins des actes d'administration ordinaires, qui soit de nature à mettre obstacle le cas échéant à cette restitution de la chose par lui promise, et en particulier à ne pas en disposer et à ne pas la grever de droits réels. Nous sommes donc ici en présence d'une véritable clause d'inaliénabilité. Faut-il considérer cette clause comme ne pouvant avoir d'effet qu'à l'égard du promettant en engageant sa responsabilité personnelle au point de vue pécuniaire; faut-il au contraire lui donner un effet réel *erga omnes*, c'est-à-dire même envers les tiers acquéreurs de telle sorte que l'ayant droit puisse reprendre la chose entre leurs mains? Là est toute la question. Qu'on la résolve contre les tiers, et alors il serait juste de dire que les anciens effets de la résolution subsisteraient pour la plupart dans la nouvelle théorie.

Si la question avait été posée dans ces termes au commencement du siècle dernier, il est probable que les rédacteurs du Code civil auraient reconnu au propriétaire sous condition résolutoire toute faculté de disposer de la chose d'une manière définitive même *pendente conditione*. Le principe de la libre circulation des biens avait en effet à cette époque une valeur absolue. Mais peu à peu les dangers de la mainmorte ont paru moins grands qu'on ne l'avait craint tout d'abord. Quand la jurisprudence s'est trouvée en présence de clauses d'inaliénabilité tout au moins temporaire et que des motifs sérieux paraissaient justifier, elle a décidé de les appliquer même aux tiers acquéreurs. Elle a fait ce que l'on a justement appelé la balance des intérêts. Quand les considérations en faveur de l'inaliénabilité sont assez graves pour tenir en échec le principe de la libre circulation des biens, la jurisprudence n'hésite plus aujourd'hui à reconnaître l'effet réel de la clause d'inaliénabilité. Le point de vue n'est donc plus tout à fait le même qu'au début du XIXe siècle.

Or si l'on se place à ce point de vue moderne, il n'est guère possible de nier qu'il y a, en faveur du caractère résoluble des actes de disposition accomplis par le propriétaire sous condition résolutoire *pendente conditione*, des raisons d'une nature telle qu'il ne paraît guère possible d'abandonner sur ce point la solution traditionnelle du droit français. Nous avons vu en commençant l'importance que prend chaque jour à notre époque l'acte conditionnel. Il rend, tout particulièrement à l'industrie ou au commerce, les plus grands services. L'effort du juriste doit donc tendre à le rendre de plus en plus pratique, et à faire en sorte qu'il réponde de mieux en mieux aux besoins de ceux qui sont appelés à en faire usage. Or, dire que le propriétaire sous condition résolutoire pourra valablement aliéner la chose, l'hypothéquer, la grever de droits réels et cela d'une manière définitive, c'est tout simplement rendre impossible en fait l'emploi de la condition. Le créancier reculera toujours devant un pareil risque. Que la chose stipulée lui échappe par suite d'événements qui ont fait l'objet de la condition, et dont il a pu prévoir et calculer les chances, ceci rentre dans l'aléa auquel il a consenti. Mais il n'acceptera jamais que la seule volonté du débiteur puisse le priver de la chose même sous la responsabilité personnelle de ce débiteur, qui du reste peut être inefficace s'il est insolvable. A moins donc d'enlever aux parties la ressource précieuse de l'acte conditionnel, il convient de décider que la clause d'inaliénabilité qu'il renferme implicitement aura effet à l'égard des tiers, quoique la condition ne rétroagisse pas.

Il faut même aller plus loin et dire que la théorie nouvelle conduira à la résolution des droits réels consentis *pendente conditione* dans des cas où cette résolution paraissait anciennement impossible. C'est une règle admise jusqu'à ce jour que dans les contrats dont nous avons déjà parlé, où la condition porte sur un élément essentiel, consentement, cause, objet, la condition ne peut jamais rétroagir. Cette solution offre au point de vue pratique de gros inconvénients. Elle détruit en fait, par exemple, la principale utilité de la promesse de vente. L'acheteur n'a traité que parce qu'il espérait lier vis-à-vis de lui le vendeur sans s'engager pour son propre compte d'une manière définitive. Mais comme son adhésion quand elle se produit n'a point d'effet sur le passé, le vendeur a pu disposer de la chose. Il ne reste à l'acheteur d'autre ressource que de recourir en garantie contre son vendeur et en même temps d'exercer contre l'acquéreur le droit d'hypothèque qu'il aura pu stipuler lors du contrat s'il a été prudent. Au contraire la théorie nouvelle, dans tous les contrats de ce genre, protège l'acquéreur conditionnel ou plus généralement le créancier. Le débiteur s'est engagé à ne rien faire *pendente conditione* qui puisse empêcher un jour ou l'autre l'exécution du contrat, et une pareille obligation ainsi que nous l'avons vu produit effet à l'égard des tiers et permettra à l'acheteur, en cas de promesse de vente, d'aller reprendre la chose entre leurs mains. Ainsi donc la théorie nouvelle offre cette heureuse particularité qu'elle applique la résolution des droits réels consentis *pendente conditione* à l'occasion de certains contrats d'où la rétroactivité avait paru jusqu'à ce jour devoir être complètement bannie, et où pourtant elle eût été tout à fait nécessaire.

En définitive et d'une manière générale il nous est permis de conclure de la comparaison que nous venons de faire, qu'il y a un intérêt appréciable à choisir entre l'une ou l'autre des deux théories qui à travers l'histoire du droit romain ou français ont tour à tour fait admettre ou écarter la rétroactivité de la condition. L'une de ces théories, tout imprégnée en quelque sorte de logique et prompte aux déductions qu'elle impose avec une rigueur devant laquelle les faits eux-mêmes seraient tenus de plier, s'inspire avant tout de cette idée simple, mais par cela même plus absolue encore, que le droit du créancier remonte dans le passé au jour même du contrat. L'autre au contraire, plus large et plus souple, toujours soucieuse de suivre aussi près que possible la réalité, ne fait que rechercher avec soin l'intention des parties afin de lui donner ensuite une pleine et entière satisfaction. L'une trace au créancier conditionnel une sorte de programme de mesures conservatoires dont il ne peut s'écarter sous peine d'excéder son droit. L'autre lui reconnaîtra volontiers des pouvoirs plus larges, s'il apparaît que le débiteur y a tacitement consenti. L'une, malgré son principe *a priori*, a cependant été forcée de valider les perceptions de fruits ou les actes d'administration du propriétaire sous condition résolutoire. L'autre reconnaît ces solutions comme toutes naturelles, parce qu'elles découlent de ses règles propres et n'ont rien de contraire à la volonté des parties. L'une proclame d'une manière impérative que toute résolution produira effet à l'égard des tiers. L'autre décide qu'il en sera ainsi le plus souvent parce que les parties sont présumées l'avoir voulu, mais se réserve de respecter leur intention au cas où elle serait différente. En un mot, tandis que la théorie de la rétroactivité, avec ses cadres rigides et ses abstractions, paraît un organisme dépourvu de vie qui rend l'acte conditionnel peu apte au rôle si étendu qu'il paraît appelé à remplir de nos jours, la théorie nouvelle au contraire adapte ce même acte d'une manière aussi adéquate que possible aux besoins de la pratique moderne, et augmente par là les grands services que l'on en peut attendre.

II

Nous plaçant maintenant au point de vue purement juridique, constatons tout d'abord à propos de la théorie de la rétroactivité que l'on n'a jamais très nettement distingué les diverses explications par lesquelles on tente de la justifier. Généralement les auteurs ont recours à plusieurs d'entre elles quand ils ne les invoquent pas toutes simultanément; quelquefois même ils les confondent. Et ce qu'il y a de grave dans cette manière de faire, c'est que souvent ces explications sont incompatibles et que de toute nécessité il faudrait opter entre elles. Essayons cependant de les passer en revue successivement.

Certains auteurs insistent beaucoup sur ce point que l'acte conditionnel réunit dès le principe tous les éléments essentiels à sa validité. Pour qu'une convention puisse se former selon les règles ordinaires, il suffit que les parties soient capables et consentantes et que leur obligation ait une cause et un objet licites. Or sous tous ces rapports l'acte conditionnel est parfait. N'est-ce pas là une raison sérieuse de décider qu'après l'arrivée de la condition il doit être réputé avoir toujours existé ?

Cet argument a été présenté par un grand nombre de jurisconsultes. En premier lieu il faut citer les rédacteurs du Code civil. Dans un de ses rapports (1), Bigot de Préameneu, avant d'affirmer que la condition doit produire un effet rétroactif, constate qu'elle n'est qu'une modification d'un engagement déjà existant. Ensuite on trouve Larombière (2), qui ajoute cette raison nouvelle que, désormais, le contrat est parfait par le seul consentement des parties. Il semble du reste que Larombière confond ici l'effet du contrat avec sa formation. On peut citer encore Marcadé et Pont (3), qui ont donné à l'argument sa formule la plus précise. Enfin Demolombe (4) semble lui avoir apporté par endroits l'appui de son autorité.

D'autres auteurs ont cherché à justifier la rétroactivité de la condition en invoquant l'intention présumée des parties. Il leur semble que la secrète pensée de deux personnes qui font un acte conditionnel ne saurait être douteuse. L'ignorance où l'on est de l'avenir constitue une gène sérieuse pour les transactions. Si les parties contractantes pouvaient savoir à coup sûr que tels et tels événements possibles s'accompliront, ce n'est pas un acte sous condition suspensive qu'elles feraient; elles traiteraient purement et simplement. De même, elles ne contracteraient pas sous condition résolutoire si elles savaient la résolution certaine ; en cette occurrence elles n'agiraient pas du tout. S'il est donc tout naturel de supposer que leur intention véritable

(1) V. Locré, *Exposé des motifs par Bigot de Préameneu*, t. XII, p. 340, n° 65.

(2) V. Larombière, *Théorie et pratique des obligations*, t. II, p. 462.

(3) V. Marcadé et Pont, *Explication du Code Napoléon* (7e édit.), t. IV, n° 558.

(4) V. Demolombe, t. XXV, n° 377.

est que l'acte soit réputé avoir toujours ou n'avoir jamais existé lors de l'arrivée de la condition, pourquoi ne pas leur donner satisfaction en reconnaissant à la condition un effet rétroactif?

Parmi les jurisconsultes qui paraissent avoir été touchés par cette considération, on rencontre tout d'abord les rédacteurs du Code civil. C'est ainsi que Bigot de Préameneu la met en avant à propos de la condition résolutoire(1). Elle a été aussi reprise par Laurent, qui hésite cependant à s'en servir quand la condition est suspensive(2). Un autre jurisconsulte, Huc, commence par une critique de l'opinion qui fonde la rétroactivité sur une sorte de préexistence de l'acte conditionnel. Il n'aperçoit pas bien nettement le rapport que l'on tente d'établir entre la perfection de l'acte et la date à laquelle il convient de faire prendre naissance à un droit dont il est la source. Si la condition rétroagit, c'est en réalité que telle a été la volonté des parties. Il est vrai que dans la suite le même jurisconsulte affirme que l'arrivée de la condition vérifie l'existence de l'acte, ce qui paraît impliquer qu'il n'abandonne pas tout à fait l'idée selon laquelle dans une certaine mesure l'acte serait préexistant (3). On rencontre ainsi quelques hésitations même chez les auteurs qui voient dans l'intention présumée des parties la raison d'être de la rétroactivité.

Enfin dans une dernière opinion qui est aussi la plus répandue, il faut de toute nécessité, pour expliquer la rétroactivité, recourir à l'idée d'une fiction légale. Dans l'ancien droit Pothier admettait déjà en propres termes que le droit qui résulte de l'engagement est « censé » avoir été acquis à celui envers qui il a été contracté dès le temps du contrat(4). Domat dit de même que l'arrivée de la condition donnera à l'obligation et à l'hypothèque leur force du jour de leur titre « de même que » s'il n'y avait pas eu de condi-

(1) V. Locré, *Exposé des motifs par Bigot de Préameneu*, t. XII, p. 340, n° 65.

(2) V. Laurent, *Principes de droit civil français* (3e éd.), t. XVII, n° 78.

(3) V. Huc, *Commentaire du Code civil*, t. VII, art. 1179, p. 341 et 342.

(4) V. Pothier, *Traité des obligations*, t. I, n° 220.

tion (1). De nos jours Demolombe, après avoir paru se rallier à l'opinion de la préexistence, déclare expressément que la rétroactivité est une fiction (2). De même, pour restreindre l'effet rétroactif, Demante et Colmet de Santerre rappellent qu'il y a là une fiction, qui ne peut avoir même force que la réalité (3). Aubry et Rau affirment aussi en propres termes qu'au jour où la condition s'accomplit, l'obligation et le droit qui y est corrélatif sont « à considérer comme » n'ayant jamais été subordonnés à une condition (4). Enfin, MM. Baudry-Lacantinerie et Barde admettent implicitement l'idée de fiction en affirmant que l'effet rétroactif n'est pas une nécessité juridique (5). D'après la majorité des auteurs, la rétroactivité ne serait donc qu'une pure création de la loi.

Plusieurs législations étrangères ont d'ailleurs admis la même idée. Citons les législations italienne (6) et portugaise (7), qui parlent de la rétroactivité dans un langage tel qu'elles n'y paraissent voir qu'une simple fiction.

Or les diverses explications qui ont ainsi été fournies en faveur de la rétroactivité de la condition ont-elles une valeur décisive?

Notons d'abord que l'explication par l'idée d'une fiction n'est guère satisfaisante. Le rôle de la fiction est d'expliquer certaines solutions heureuses auxquelles l'application des règles ordinaires ne paraîtrait pas devoir conduire. Autrement il serait inutile et même dangereux d'encombrer le droit de ces créations arbitraires qui sont toujours la source de difficultés multiples parce que l'on ne sait au juste ce que le législateur a voulu feindre. Or, loin de conduire à des résultats remarquables, la rétroactivité

(1) V. Domat, *Lois civiles, hypothèques*, sect. 3, n° 17.

(2) Demolombe, *Cours de Code Napoléon*, t. XXV, n° 398.

(3) V. Demante et Colmet de Santerre, *Cours analytique* (2e édit.), t. V, p. 153.

(4) V. Aubry et Rau, *Cours de droit civil* (5e édit.), t. IV, p. 116.

(5) V. MM. Baudry-Lacantinerie et Barde, *Traité des obligations* (3e édit.), t. II, p. 39, n° 809.

(6) V. Code italien (trad. Huc et Orsier), 2e édition, t. II, art. 1158.

(7) Code portugais (trad. Laneyrie et Dubois), art. 678.

de la condition strictement appliquée aurait des effets que la jurisprudence a dû formellement repousser. Si elle ne repose au point de vue juridique que sur une fiction légale, il convient de ne pas s'écarter plus longtemps de la réalité des faits.

Il ne paraît guère du reste que l'idée d'après laquelle l'acte existerait avant l'arrivée de la condition soit de nature à fournir à la théorie de la rétroactivité un fondement beaucoup plus solide. C'est qu'en effet cette idée heurte des principes trop bien établis pour n'être pas elle-même contestable. La condition fait plus que dissimuler l'existence de l'acte, elle le rend incertain. Se formera-t-il? Ne se formera-t-il pas? On n'en sait rien. Mais ce que l'on peut affirmer, c'est que l'acte n'existe pas tant que la condition demeure pendante. Et c'est atteindre la définition même de la condition dans ce qu'elle a de plus essentiel que de chercher à prétendre que l'acte existe déjà afin de pouvoir dire ensuite qu'il doit être réputé avoir toujours existé.

Enfin l'argumentation tirée de l'intention présumée des parties ne paraît pas plus convaincante. Ce que l'on peut induire à coup sûr d'un acte sous condition suspensive, c'est que les parties ont eu l'intention de créer entre elles un lien juridique, de telle sorte qu'elles se trouvent obligées bon gré mal gré l'une envers l'autre si l'événement se produit. Conclure en outre qu'elles ont voulu reporter au jour même de leur entente les droits qui naissent alors de l'acte, ce serait en général aller au delà de leur pensée. Et les parties n'ont pas davantage compté sur l'effet rétroactif quand elles ont traité sous condition résolutoire. Un négociant qui s'établit achète dans une ville un fonds de commerce, mais il insère dans l'acte une clause aux termes de laquelle la vente sera résolue si un concurrent vient s'établir dans son quartier. A-t-il donc le désir que la vente puisse être un jour réputée n'avoir jamais existé? En aucune façon. Tant que sa crainte d'un concurrent ne s'est pas réalisée. la vente produit des effets que certainement il tient pour définitifs. Tout ce qu'il demande, c'est que dans le cas où un concurrent s'installerait, le contrat cesse d'avoir effet pour l'avenir. L'explication qui rattache la rétroactivité à la volonté présumée des parties ne vaut donc pas mieux que les précédentes.

En somme cette théorie, née d'une fausse interprétation historique, paraît aujourd'hui avoir fait son temps. Il en aura été d'elle comme de toutes les erreurs, dans quelque domaine qu'elles se produisent, juridique ou autre. Pendant très longtemps elle aura survécu, parce qu'il n'y a rien de tel pour maintenir une règle une fois posée que la force de l'habitude. Mais à la longue la vérité reparaît. Il est impossible qu'une règle résiste indéfiniment quand elle n'a point pour elle quelque raison d'être tirée de cette source profonde et inépuisable qui s'appelle la réalité des faits. Pour la rétroactivité de la condition le travail de la critique a été plus facile parce que l'histoire a démontré le vice qui entachait ses origines. Il convient maintenant de sanctionner les conclusions de ces recherches historiques qu'un examen plus étendu paraît justifier, et de substituer à une théorie où un esprit de logique aride et étroit s'est donné trop longtemps libre carrière, la théorie nouvelle plus vraie, plus souple et par suite plus vivante, qui repousse la rétroactivité de la condition.

A. LELOUTRE.

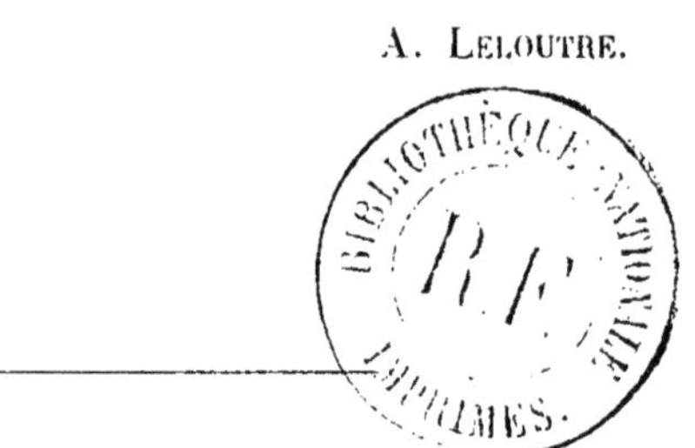

Le Gérant : L. LAROSE.

BAR-LE-DUC. — IMPRIMERIE CONTANT-LAGUERRE

www.ingramcontent.com/pod-product-compliance
Ingram Content Group UK Ltd.
Pitfield, Milton Keynes, MK11 3LW, UK
UKHW020451220726
13923UKWH00005B/2484

9 782019 285524